ESTAMPES

COLLECTIONS DE MM. C. J. ET G. K.

CONDITIONS DE LA VENTE

Elle sera faite au comptant.

Les acquéreurs paieront 10 p. 100 en sus des prix d'adjudication.

M. Danlos se réserve la faculté de diviser ou de rassembler les lots.

MM. les Amateurs pourront visiter les Estampes, 15, quai Voltaire, du jeudi 13 au mardi 18 mars 1902, le dimanche excepté.

2 mars 1902 notes PN

Jourdiez client de Mme Hahn

COLLECTIONS DE MM. C. J. ET G. Kinnon

qui était le client de Lacroix

ESTAMPES

DES ÉCOLES

FRANÇAISE ET ANGLAISE AU XVIIIE SIÈCLE

22 MARS 1902

annoté d'après l'exemplaire de Danlos

Me CHEVALLIER
Commissaire-priseur
10, RUE GRANGE-BATELIÈRE, 10

M. A. DANLOS
Marchand d'Estampes
15, QUAI VOLTAIRE, 15

CATALOGUE

DE

TRÈS BELLES ESTAMPES

DES ÉCOLES

ANGLAISE ET FRANÇAISE AU XVIIIE SIÈCLE

PIÈCES IMPRIMÉES EN NOIR ET EN COULEUR

COMPOSANT LES

Collections de MM. C. J. et G. K.

DONT LA VENTE AUX ENCHÈRES PUBLIQUES AURA LIEU

Hôtel des Commissaires-Priseurs, rue Drouot, 9, Salle N° 6

Le Samedi 22 Mars 1902, à 2 heures 1/2 précises

Par le Ministère de Me **PAUL CHEVALLIER**, Commissaire-Priseur

10, RUE GRANGE-BATELIÈRE, 10

Assisté de **M. A. DANLOS**, Marchand d'Estampes

15, QUAI VOLTAIRE, 15

EXPOSITIONS :

Particulière, le Jeudi 20 Mars. | *Publique*, le Vendredi 21 Mars.

DÉSIGNATION

BAUDOUIN

(D'après P. A.)

1 — *Le Carquois épuisé*, par N. De Launay (E. B. 11).

Superbe et toute première épreuve avant la lettre, avant les changements faits, par la suite, dans la tablette inférieure et, de plus, avant le carquois renversé que l'on voit placé, sur un socle, près de la statue de l'Amour. On ne connaissait cette dernière remarque que dans les épreuves à l'état d'eau-forte pure; remargée. État non décrit de la plus grande rareté sinon unique.

Cadre ancien, Louis XVI, en bois sculpté et doré.

2 — *Le Coucher de la Mariée*, gravé à l'eau-forte par J.-M. Moreau et terminé au burin par J.-B. Simonet, 1768 (16).

Magnifique épreuve avant toutes lettres et avec les armes; elle est de la plus grande fraîcheur et a une très grande marge. Excessivement rare de cette qualité.

Très beau cadre ancien, Louis XVI, en bois sculpté et doré, à oves, feuilles d'eau et perles.

3 — *Le Danger du tête à tête,* par Simonet (18).

Très belle et très rare épreuve avant toutes lettres et avant les changements apportés, par la suite, dans l'encadrement. Toute marge.

4 — *L'épouse indiscrète,* par N. de Launay, 1771 (21).

Très belle épreuve avant les points dans les losanges formés par les tailles, sur le matelas, derrière la tête de la servante. Très grande marge.

5 — *Le Goûter,* par Bonnet (24).

Superbe épreuve imprimée en couleur ; grande marge. Très rare de cette qualité.

6 — *Le Lever,* par Massard, 1771 (29).

Superbe épreuve avant la lettre ; elle est très fraîche et a toute sa marge. Très rare.

7 — *Marton,* par N. Ponce (31).

Très belle épreuve.

Cadre ancien, Louis XVI, en bois sculpté et doré.

8 — *Le Matin,* par De Ghendt (32).

Très belle épreuve avant toutes lettres et avant la draperie ; la tablette est blanche.

9 — *Le Modèle honnête*, gravé à l'eau-forte par J.-M. Moreau le jeune et terminé au burin par J.-B. Simonet (34).

Très belle et très rare épreuve avant toutes lettres. Très grande marge.

10 — *Le Soir*, par De Ghendt (46).

Très belle épreuve avant la lettre et avant la draperie; la tablette est blanche.

BEAUVARLET

(J.-F.)

11 — *Madame la Comtesse Du Barry en costume de chasse*, d'après Drouais. Petite in-fol.

Magnifique épreuve avant la lettre et avant les noms des artistes; la marge de droite est couverte de salissures de burin. De la plus grande rareté, sinon unique.

11 *bis* — *La même estampe.*

Superbe épreuve avant la lettre, mais avec les noms des artistes; très grande marge. Très rare de cette qualité.

BEECHEY

(D'après W.)

12 — *Children at play* (Oddie children) gravé à la manière noire par J. Park, 1791. Grand in-fol.

Très belle épreuve. Excessivement rare. Cadre doré.

BIGG

(D'après W. R.)

13 — *The sailor's orphans, or the young Ladies' subscription.* — *The soldier's widow, or school boy's collection.* Deux grandes et très belles pièces, faisant pendants, gravées à la manière noire par Ward et Dunkarton.

Superbes épreuves. Rares.

14 — *The sailor's orphans, or the young Ladies' subscription.* Gravée à la manière noire par Ward.

Magnifique épreuve imprimée en couleur; elle est d'une très grande fraîcheur de coloris et a une très grande marge. De la plus grande rareté de cette qualité.

15 — *The Truants. — The Romps.* Deux grandes pièces, faisant pendants, gravées à la manière noire par W. Ward.

Superbes épreuves imprimées en couleur.
Cadres dorés.

BOILLY

(D'après L.)

16 — *L'Amant favorisé. — La Comparaison des petits pieds.* Deux charmantes pièces ovales gravées, en réduction, par Alix.

Superbes épreuves imprimées en couleur.
Très jolis cadres anciens, Louis XVI, en bois sculpté et doré, ornés de nœuds de rubans.

17 — *La Dispute de la Rose. — La Rose prise.* Deux pièces, faisant pendants, gravées par J. Eymar et F. Cazenave.

Très belles épreuves imprimées en couleur. Doublées et sans marges.

BOYNE

(D'après L.)

18 — *The Smoaking club,* par E. Scott, 1792.

Très belle épreuve en couleur.
Cadre ancien, Louis XVI, en bois sculpté et doré.

BUNBURY ?

(D'après)

19 — *Paula*. Charmant médaillon ovale gravé par Tomkins ?

Très belle épreuve imprimée en couleur.

CHALLE

(D'après M. A.)

20 — *L'Amant surpris*, par Descourtis.

Superbe épreuve imprimée en couleur. Sans marge.

Très beau cadre ancien, Louis XIII, en bois sculpté et doré.

CHEVILLET

(J.)

21 — *Francklin*, ministre plénipotentiaire des États-Unis de l'Amérique septentrionale, d'après le buste de Houdon. Petit in-fol.

Très belle épreuve.

COSWAY

(D'après M.)

22 — *Mrs Cosway*, vue à mi-corps et de face, assise dans un fauteuil où elle se tient les bras croisés. Gravé à la manière noire par V. Green. 1787. In-fol.

Superbe et rare épreuve avec marge.
Cadre ancien, Louis XVI, en bois sculpté et doré.

DAYES

(D'après Ed.)

23 — *The Promenade in St James's Park. — An airing in Hyde Park.* Deux pièces, faisant pendants, gravées par F.-D. Soiron et Th. Gaugain, 1796.

Superbes épreuves, imprimées en couleur, de deux charmantes pièces, elles sont des plus intéressantes comme costumes et comme scènes de mœurs. Excessivement rares.

24 — *An airing in Hyde Park,* par Th. Gaugain.

Superbe épreuve imprimée en couleur.
Cadre ancien, Louis XVI, en bois sculpté et doré, à canaux et rais de cœur.

DEBUCOURT

(L. P.)

25 — *Les deux Baisers*, 1786 (M. F. 7).

Superbe épreuve imprimée en couleur.

Très beau cadre ancien Louis XVI, en bois sculpté et doré, à feuilles d'eau et perles à jour.

26 — *L'Oiseau ranimé*, 1787 (9).

Superbe épreuve imprimée en couleur, elle est fort habilement remargée au trait carré. Excessivement rare.

27 — *Le Menuet de la Mariée*, 1786. — *La Noce au Château*, 1789. Deux pièces faisant pendants (8 et 21).

Très belles épreuves imprimées en couleur. La première pièce, la seule de la suite où il y ait des différences, est du 1er tirage : avant les retouches dans la planche, notamment dans le ciel et avec l'année suivie d'un point seul.

Cadres anciens, Louis XVI, en bois sculpté et doré.

28 — *Promenade de la Gallerie du Palais-Royal*, 1787 (11).

Superbe épreuve, imprimée en couleur, avant les retouches dans la planche et avant la correction au mot Imprimé lequel est écrit *Emprimé*; elle est très fraîche et a une grande marge. Très rare de cette qualité.

Très beau cadre ancien, Louis XVI, en bois sculpté et doré, à oves, olives et rais de cœur.

29 — *La Promenade du Jardin du Palais-Royal*, 1787 (11 *a*).

Superbe épreuve, imprimée en couleur, avant toutes retouches et avant que l'adresse d'Aumont ait été remplacée par celle de Landié. Très rare de cette qualité.

30 — *Heur et Malheur ou la Cruche cassée*. — *L'Escalade ou les Adieux du Matin*. Deux pièces, faisant pendants, 1787 (12 et 13).

Très belles épreuves imprimées en couleur. Sans marges.

Beaux cadres, style Louis XVI, en bois sculpté et doré.

31 — *Le Compliment ou la Matinée du Jour de l'An*. 1787. — *Les Bouquets ou la Fête de la Grand'-Maman*, 1788. Deux pièces faisant pendants (15 et 16).

Superbes épreuves, imprimées en couleur, avant les retouches dans les planches et les marbrures du cadre, l'année est suivie d'un point seul.

Cadres, style Louis XVI, en bois sculpté et doré.

32 — *La Main*, 1788 (18).

Superbe épreuve, imprimée en couleur, avec la première adresse, celle de l'auteur. Très rare.

33 — *Annette et Lubin*, 1789 (22).

Très belle épreuve imprimée en couleur. Sans marge.

Cadre ancien, Louis XVI, en bois sculpté et doré.

34 — *La Rose mal défendue*, 1791 (27).

Très belle épreuve imprimée en couleur. Sans marge.

Cadre ancien, Louis XVI, en bois sculpté et doré.

35 — *La Promenade publique*, 1792 (33).

Très belle épreuve imprimée en couleur.

36 — *L'Enfant soldat* ou *les Amusements de la Famille*.

Très belle épreuve avec la signature à la pointe. Remargée.

37 — *La Course*, n° 3. — *Fin de la Course*, n° 4.

Deux pièces, faisant pendants, gravées d'après C. Vernet (156 et 157).

Très belles épreuves.

38 — *Les Heures,* d'après Raphaël : *Opera IV di notte, ora I di giorno — Ora V di notte, ora II di giorno.* Deux pièces (168 et 169).

Superbes épreuves imprimées en couleur sur papier teinté bleu.

39 — *Frascati,* d'après un croquis pris sur le lieu, 1807 (196).

Superbe épreuve en couleur; elle est très fraîche et a toute sa marge. Très rare de cette qualité.

Beau cadre ancien, Louis XVI, en bois sculpté et doré, à perles et rais de cœur.

DE MACHY

(D'après P. A.)

40 — *Vue du Port Saint-Paul, prise au bas du parapet. — Vue de la porte Saint-Bernard, prise venant de l'hôpital.* Deux grandes pièces, faisant pendants, gravées par Descourtis.

Très belles épreuves, imprimées en couleur, du 1er tirage : avant que les armes aient été enlevées et les inscriptions changées.

DESCOURTIS

(C. M.)

41 — *Frédérique Sophie Wilhelmine, princesse d'Orange*. Médaillon ovale, in-fol., d'après Hentzi.

Superbe épreuve avant toutes lettres, imprimée en couleur.

Cadre ancien en bois sculpté et doré.

42 — *Frédérique-Louise Wilhelmine, princesse d'Orange*. Médaillon ovale in-fol., *Hentzi dir.*, *Tozelli del.*

Superbe épreuve avant la lettre, imprimée en couleur ; elle est très fraîche et a toute sa marge.

43 — *Portrait d'une Princesse d'Orange?* Elle est représentée en buste, de face, cheveux bouclés avec nattes retombant sur les épaules, le corsage légèrement entr'ouvert. Charmant médaillon ovale, in-fol., gravé à l'aquatinte.

Superbe épreuve avant toutes lettres ; grande marge. Excessivement rare.

Cadre ancien en bois sculpté et doré.

DESRAIS

(D'après C. L.)

44 — *Le Signal du Bonheur*, par Mixelle.

Superbe épreuve, avant la lettre, d'une fort jolie pièce très intéressante comme costumes; elle est très fraîche et a une grande marge. Excessivement rare.

Cadre ancien, Louis XVI, en bois sculpté et doré.

DOWNMAN

(D'après)

45 — *Lady Duncannon*, vue a mi-corps, coiffée d'un large chapeau empanaché. Médaillon ovale gravé par Bartolozzi, 1788.

Superbe épreuve lettres grises. Très rare.

Cadre ancien en bois sculpté et doré.

46 — *Duchess of Richmond*. Médaillon ovale in-4°.

Superbe épreuve imprimée en couleur; la marge inférieure manque.

Cadre ancien en bois sculpté et doré.

47 — *Miss Farren*, représentée en buste dans une bordure ovale. Charmant portrait in-4° gravé, en 1788, par Collyer.

Très belle et très fraiche épreuve imprimée en bistre; grande marge. Très rare.

Cadre ancien en bois sculpté et doré.

ÉCOLE ANGLAISE

(XVIIIe siècle)

48 — *La Lecture, le soir.* Composition de deux personnages.

Très belle épreuve imprimée en couleur.

Cadre ancien, Louis XVI, en bois sculpté et doré.

49 — *Portrait d'une jeune fille,* en buste, de profil à gauche, un voile jeté sur les cheveux. Médaillon gravé au pointillé.

Très belle épreuve avant toutes lettres, imprimée en couleur.

50 — *Portrait d'une jeune femme,* probablement une actrice, elle est représentée en buste, de profil à gauche, un diadème orné de perles dans les cheveux. Médaillon ovale in-fol.

Très belle épreuve d'une jolie pièce gravée à la manière noire. Sans marge.

Cadre doré.

51 — *Une Société de Dames et de Gentlemen réunie dans un salon.* Pièce humouristique dans le goût de Rowlandson.

Très belle épreuve avant toutes lettres, en couleur.

ÉCOLE FRANÇAISE

(XIXe siècle)

52 — *Les Galeries de Bois, Palais-Royal, 1830.* Très curieuse et très intéressante lithographie anonyme.

Très belle épreuve coloriée du temps. Rare.

FRAGONARD et BOREL

(D'après)

53 — *La Résistance inutile. — Il a cueilli ma rose.* Deux pièces, faisant pendants, gravées par G. Vidal.

Très belles épreuves imprimées en couleur.

FREUDEBERG

(D'après S.)

54 — *La Leçon de guitare. — La Leçon de clavecin.* Deux pièces faisant pendants.

Jolies pièces très finement coloriées sur trait.

GARBIZZA

(D'après)

55 — *Vue de la Gallerie du Palais-Royal, prise du côté de la rue des Bons-Enfants* (vue de Pa-

ris nº 8). Gravé à la manière du lavis par Coqueret.

Très belle épreuve coloriée. Rare.

GARNERAY

(D'après F.-J.)

56 — *Le Matin.* — *Le Roman.* Deux pièces, faisant pendants, gravées par Mixelle.

Très belles épreuves imprimées en couleur, la seconde pièce est avant que le jupon ait été rallongé, elle est remargée. Très rares à trouver réunies.

GARRARD

(D'après G.)

57 — *Le Maréchal ferrant.* Gravé à la manière noire par W. Pether, 1787. Grande pièce dédiée à Sa Grâce le Duc de Hamilton.

Très belle épreuve imprimée en couleur.

GREEN

(V.)

58 — *Son Portrait.* Gravé à la manière noire d'après L. F. Abbot, 1788. In-fol.

Superbe épreuve. Grande marge.
Cadre doré.

GREUZE

(D'après J.-B.)

59 — *La Cruche cassée*, par J. Massard.

Superbe épreuve, avant l'adresse de Greuze, signée au verso par les artistes; la tablette est barrée de traits à l'encre. Très rare.

GUÉRAIN

(D'après)

60 — *Le Trente-un*, ou *la Maison de Prêt sur nantissement*, par L. Darcis.

Très belle épreuve.

GUYOT (?)

61 — *La Cueillette des pommes*. Joli petit médaillon ovale gravé au pointillé.

Superbe épreuve, avant toutes lettres, imprimée en couleur. Très rare.

Cadre en bois doré.

HAYLER

(D'après G.)

62 — *Her Royal Highness the Duchess of Kent*, en pied. Gravé à la manière noire par J. Bromley. Grand in-fol.

Très belle épreuve lettres grises.

Cadre doré.

HOPNER

(D'après J.)

63 — *Lady Charlotte Gréville*, assise sur un banc de gazon, caressant un jeune chien. Gravé à la manière noire par Young.

Magnifique épreuve, imprimée en couleur, d'un charmant portrait, un des plus jolis de l'École anglaise; elle est signée au verso par le graveur; la marge inférieure a quelques taches d'eau, une partie a été repliée et se retrouve de l'autre côté du carton. De la plus grande rareté.

Cadre ancien, Louis XVI, en bois sculpté et doré.

64 — *Mrs Bunbury*, vue à mi-corps, coiffée d'un bonnet retenu par un large ruban. Gravé à la manière noire, par J. Young, 1791. In-4.

Très belle épreuve. Très rare.

Cadre doré.

65 — *The Right Honble Lord Hervey*. Gravé à la manière noire par J. Young, 1802. In-fol.

Très belle épreuve.
Cadre doré.

HOPNER et REYNOLDS

(D'après)

66 — *Sailad Girl.* — *A contemplative youth* (Master Brown). Deux charmantes pièces, faisant pendants, gravées à la manière noire par W. Ward et G. Hodges.

Superbes épreuves, imprimées en couleur, du 1er état : La première pièce est avec la faute au mot *sailad* et la seconde avant que les inscriptions aient été effacées ; les marges inférieures, ayant été repliées sur le verso du carton, ont été décollées et rapportées avec soin au bas des estampes. Excessivement rares.

HUET

(D'après J.-B.)

67 — *Le Goûter*, par Bonnet.

Très belle épreuve imprimée en couleur. Sans marge.

68 — *Vénus sur les eaux*, par Bonnet.

Très belle épreuve imprimée en couleur.

JANINET

(F.)

69 — *Mademoiselle D**** (Duthé), assise devant sa table de toilette dont le miroir la reflète de profil ; elle tient des roses de la main droite, une lettre de la main gauche. Gravé d'après Lemoine.

Magnifique épreuve imprimée en couleur ; elle est découpée à l'ovale et reportée sur un encadrement *à fond vert* où se trouvent imprimées toutes les inscriptions ; elle a une grande marge et est excessivement fraîche. De la plus grande rareté de cet état et de cette qualité.

Très beau cadre ancien, Louis XVI, en bois sculpté et doré, à feuilles d'acanthe et rais de cœur.

70 — *Portrait d'une Jeune Princesse* (Frédérique-Sophie-Wilhelmine?) vue de face dans un parc, accoudée à l'angle d'une balustrade ; elle tient dans sa main droite une couronne de fleurs, dans la gauche un portrait d'homme. In-8 ovale.

Superbe épreuve imprimée en couleur ; elle est de la plus grande fraîcheur et a une grande marge. Excessivement rare.

Cadre ancien, Louis XVI, en bois sculpté et doré.

71 — *Nina*, d'après Hoïn. (Portrait de Mme Dugazon dans le rôle de Nina ou la Folle par amour.)

Très belle épreuve, imprimée en couleur, avant les noms des artistes et par conséquent avant la lettre, quoique la justification manque, la marge inférieure ne mesurant que six millimètres.

Cadre ancien, Louis XVI, en bois sculpté et doré.

72 — *L'Amour. — La Folie.* Deux charmantes pièces ovales, faisant pendants, gravées d'après Fragonard.

Magnifiques épreuves imprimées en couleur ; elles sont de la plus grande fraîcheur et ont de très grandes marges. Excessivement rares de cette qualité.

73 — *Les Comédiens comiques. — Les rendez-vous comiques.* Deux pièces, faisant pendants, gravées d'après Ant. Watteau.

Superbes et très fraîches épreuves imprimées en couleur. Très rares de cette qualité.

Cadres anciens en bois sculpté et doré.

74 — *Les mêmes estampes.*

Très belles épreuves imprimées en couleur, la première pièce est remargée.

Cadres anciens, Louis XVI, en bois sculpté et doré.

75 — *Les Trois Grâces,* d'après Pellegrini.

Superbe épreuve, imprimée en couleur, avant la lettre et avant la guirlande de fleurs; elle est très fraîche et a une grande marge.

LANCRET

(D'après N.)

76 — *Mlle Camargo,* première danseuse à l'Opéra, par L. Cars (E. B. 17). In-fol.

Très belle épreuve.

LAWRENCE

(D'après Sir Th.)

77 — *The Daugthers of Charles B. Calmady Esqr*, par F. C. Lewis. In-fol.

Superbe et très rare épreuve avant toutes lettres. Très grande marge.

78 — *Elisabeth Duchess of Devonshire*, par F. C. Lewis. In-fol.

Superbe et très rare épreuve avant la lettre. Grande marge.

79 — *The Right Honble Lady Dover,* gravé à la manière noire par S. Cousins, 1831.

Très belle épreuve. Grande marge.

80 — *The Marquis of Douglas und Clydesdale and the Lady Suzan Hamilton, Son and Daugther of his Grace the Duke of Hamilton.* Gravé par F.-C. Leurs, d'après un dessin du Maître.

Très belle épreuve. Très grande marge.

81 — *Miss Farren*, en pied, tenant son manchon à la main. Gravé par F. Bartolozzi, 1792. In-fol.

Superbe épreuve lettres grises, tirée en bistre; elle est très fraîche et a une grande marge. Très rare. Cadre ancien en bois sculpté et doré.

82 — *Master Lambton*, gravé à la manière noire par S. Cousins, 1827. In-fol.

Superbe épreuve avant la lettre. Très rare.

83 — *Miss Siddons?* Gravé à la manière noire. In-fol.

Très belle épreuve. Sans marge.
Cadre ancien en bois doré et sculpté.

84 — *Mrs Wolff*, gravé à la manière noire par S. Cousins, 1831. In-fol.

Très belle épreuve. Marge.
Cadre ancien, Louis XVI, en bois sculpté et doré.

LAWREINCE

(D'après N.)

85 — *L'Assemblée au Salon*, par Dequevauvillers, 1763 (E.-B.-6).

Très belle et rare épreuve avant la dédicace.

Très beau cadre ancien, Louis XVI, en bois sculpté et doré, à feuilles d'acanthe, perles, oves et coins ressortis.

86 — *L'Aveu difficile*, par Janinet (8).

Magnifique et toute première épreuve, imprimée en couleur, non décrite : En plus des remarques qui constituent le premier état, elle est avant le double filet servant d'encadrement et avant de nombreux travaux dans l'estampe, notamment dans les plis de l'un des rideaux de la fenêtre, sur le bras du fauteuil et dans le jupon de la jeune femme assise à sa toilette ; elle est très fraîche, a une grande marge et est d'une vigueur et d'un velouté de coloris incomparables. Seule épreuve de cet état connue jusqu'à ce jour.

Cadre ancien, Louis XVI, en bois sculpté et doré.

87 — *La même estampe.*

Superbe épreuve imprimée en couleur, avant toutes lettres, et avant le troisième pied du fauteuil, (1er état décrit.) Excessivement rare.

88 — *La même estampe.*

Très belle et rare épreuve, imprimée en couleur, avant toutes lettres, seulement les noms des artistes tracés à la pointe ; la marge inférieure ne mesure que 24 millimètres.

Cadre, style Louis XVI, en bois sculpté et doré.

89 — *Le Billet doux*, par N. de Launay (10).

Magnifique épreuve avant la lettre, seulement les noms des artistes gravés au burin et le titre : *Le Billet doux* tracé, en petites capitales grises, dans un nuage au-dessus des armes ; elle est de la plus grande fraîcheur et a une très grande marge. Excessivement rare de cette qualité.

Très beau cadre ancien, Louis XVI, en bois sculpté et doré, à rais de cœur et perles.

90 — *Le Billet doux. — Qu'en dit l'Abbé?* Deux pièces, faisant pendants, gravées par N. de Launay (10 et 51).

Superbes épreuves, la première pièce est avec la lettre grise et la seconde avant que l'inscription : *Graveur du Roi de France et de Danemark*, à la suite du nom de De Launay, ait été effacée et remplacée par *Graveur des Rois de France* etc. ; elles sont de la plus grande fraîcheur et ont leurs marges entières non ébarbées. Très rares de cette qualité.

91 — *La Comparaison*, par Janinet (12).

Superbe épreuve, avant toutes lettres, imprimée en couleur; marge du cuivre. Excessivement rare.

92 — *La même estampe.*

Très belle épreuve imprimée en couleur.
Cadre ancien, Louis XVI, en bois sculpté et doré.

93 — *La Consolation de l'Absence*, par N. de Launay (14).

Très belle épreuve avant la dédicace; la tablette est blanche.

Beau cadre ancien, Louis XVI, en bois sculpté et doré, à entrelacs et olives.

94 — *Le Déjeuner en Tête à tête* (18).

Superbe épreuve imprimée en couleur. Excessivement rare.

95 — *L'Élève discret. — Pauvre Minet, que ne suis-je à ta place!* Deux pièces, faisant pendants, gravées par Janinet (23 et 47).

Très belles épreuves imprimées en couleur, elles sont remargées de trois côtés. Excessivement rares.

Cadres, style Louis XVI, en bois sculpté et doré, ornés de nœuds de rubans, de guirlandes et chutes de laurier.

96 — *Ha! le joli petit chien.* — *Le Petit Conseil.* Deux pièces, faisant pendants, gravées par Janinet (27 et 48).

Très belles épreuves imprimées en couleur.

Cadres, style Louis XVI, en bois sculpté et doré.

97 — *L'Indiscrétion*, par Janinet (30).

Superbe épreuve, imprimée en couleur, bien certainement avant la lettre quoique la justification manque, la marge inférieure ne mesurant que 18 millimètres. Très rare.

Cadre, style Louis XVI, en bois sculpté et doré.

98 — *Jamais d'accord.* — *Le Serin chéri.* Deux pièces, faisant pendants, gravées par Denargle (Legrand) (32 et 59).

Superbes épreuves imprimées en couleur. Très rares de cette qualité.

99 — *La Marchande à la toilette*, par Vidal (37).

Très belle et rare épreuve ayant sa marge entière non ébarbée.

100 — *Nina*, par Colinet. (Portrait de Mme Dugazon dans le rôle de Nina ou la Folle par amour.) (41).

Superbe et très rare épreuve avant toutes lettres imprimée, en couleur, sur satin crème.

Cadre ancien, Louis XVI, en bois sculpté.

101 — *On y va deux*, par S. Benossi (44).

Très belle épreuve imprimée en couleur.

Cadre ancien, Louis XVI, en bois sculpté et doré.

102 — *Le Roman dangereux*, par Helman, 1781 (56).

Très belle épreuve. Très grande marge.

103 — *Les Soins mérités*, par De Launay le jeune (60).

Très belle épreuve du 1er état : avec le titre et les noms des artistes, sans aucune autre lettre; la tablette est blanche. Rare.

104 — *La Soubrette confidente*, par Vidal (61).

Très belle et rare épreuve ayant sa marge entière non ébarbée.

105 — *Le Colin-Maillard*, par Le Cœur (E.-B. 1, des pièces attribuées).

Très belle épreuve imprimée en couleur. Sans marge.

Cadre ancien, Louis XVI, en bois sculpté et doré.

106 — *Les Petits Favoris*. Pièce cataloguée sous le titre de : *Le Joli Chien* (app. 4).

Très belle épreuve, imprimée en couleur, fort habilement remargée au trait carré; elle est avant la retouche et avant qu'un second petit chien ait été ajouté au premier; cette pièce, avec cette remarque, est toujours avant la lettre. Excessivement rare.

LE CŒUR

107 — *Une Promesse?... Ah! laissez donc.*

Très belle épreuve imprimée en couleur. Très rare.

Très beau cadre ancien, Louis XVI, en bois sculpté et doré, à perles et feuilles d'eau.

LEYDE

(L.)

108 — *La Tentation de Saint Antoine* (B. 117).

Très belle épreuve, les deux coins supérieurs sont rapportés.

Cadre en chêne.

LONGUEIL

(J. de)

109 — *Les Dons imprudents. — Le Retour à la vertu.* Deux pièces faisant pendants.

Magnifiques épreuves imprimées en couleur, la première pièce est avant toutes lettres, la seconde est avec la lettre; elles sont très fraîches et ont de très grandes marges. Excessivement rares de cette qualité.

LE PEINTRE

(D'après)

110 — *François-Marie Mayeur*, né à Paris en 1758, dans le rôle de Claude Bagnolet; gravé par Ridé. Médaillon ovale, in-4.

Très belle épreuve imprimée en couleur.

Cadre ancien, Louis XVI, en bois sculpté et doré.

MOREAU

(D'après J. M.)

111 — *Les Adieux*, par de Launay le jeune, 1777 (E.-B. 1357).

Superbe épreuve avant la lettre.

112 — *La Partie de Wisch*, par J. Dambrun, 1783 (1365).

Très belle épreuve avec les lettres A. P. D. R. Grande marge.

MORLAND

(D'après G.)

113 — *Credulous innocence.* — *Seduction.* Deux pièces, faisant pendants, gravées à la manière noire par J. Young.

Très belles épreuves, la seconde pièce est avec la lettre grise.

Cadres dorés.

MOUCHET

(D'après F.)

114 — *Les Chagrins de l'Enfance*, par Le Cœur.

Superbe épreuve, imprimée en couleur, du 1er tirage : avec la dédicace à la duchesse de Bourbon et avant que ses armoiries aient été remplacées par un fleuron ; elle est très fraîche et a une bonne marge. Très rare.

REYNOLDS

(D'après sir Joshua.)

115 — *Carolina, Lady Scarsdale*, gravé à la manière noire par J. Watson. Petit in-fol.

Très belle épreuve. Marge.

116 — *Garrick entre la Comédie et la Tragédie*, gravé à la manière noire par C. Corbutt (Ch. Purcell).

Très belle épreuve.

117 — *Guardian angels*, gravé à la manière noire par C. H. Hodges, 1786.

Superbe épreuve imprimée en couleur, les inscriptions tracées à la pointe ; marge. Excessivement rare.

118 — *Lady Elisabeth Foster*, à mi-corps. Gravé par F. Bartolozzi, 1787. In-4.

Superbe et très rare épreuve lettres grises, tirée en bistre. Marge.

Cadre ancien en bois doré et sculpté.

119 — *Muscipula*, gravé par J. Jones en 1786, d'après le tableau en possession de lord Landsdowne.

Superbe épreuve lettres grises, elle est très fraîche et a une grande marge. Très rare de cette qualité et en aussi belle condition.

Cadre doré.

ROMNEY

(D'après)

120 — *Mrs Jordan, in the Character of the Country Girl*, par J. Ogborne, 1788.

Superbe et très rare épreuve tirée avant que le nom du graveur ait été remplacé par celui de Bartolozzi; elle est de la plus grande fraîcheur et à sa marge entière non ébarbée.

Cadre ancien, Louis XVI, en bois sculpté et doré.

121 — *Serena*. (Portrait de Miss Sneyd, assise et lisant.) Gravé par J. Jones, 1790.

Superbe épreuve, avant la lettre, imprimée en bistre; elle est très fraîche et a de grandes marges.

Cadre ancien, en bois sculpté et doré.

122 — *The Seamstress* (portrait de Lady Hamilton), gravé par Cheesman, 1787.

Très belle épreuve tirée en bistre.

Cadre ancien, Louis XVI, en bois sculpté et doré.

ROWLANDSON et PUGIN

123 — *Royal cock pit.* Publié à Londres par Ackerman en 1808.

Très belle épreuve en couleur.

SAINT-AUBIN

(A. de)

124 — *Louise Émilie,* Baronne de *** — *Adrienne Sophie,* Marquise de ***. Deux pièces faisant pendants. (E. B, 7 et 173.)

Superbes et très fraiches épreuves ayant de très grandes marges.

Cadres anciens, Louis XVI, en bois sculpté et doré.

125 — *Au moins soyez discret.* — *Comptez sur mes serments.* Deux pièces faisant pendants (406 et 407).

Très belles épreuves avec la 1re adresse, celle de l'auteur, adresse qui par la suite fut changée deux fois.

Beaux cadres anciens, Louis XVI, en bois sculpté et doré, à piastres et rais de cœur.

126 — *Tableau des Portraits à la mode. — La Promenade des Remparts de Paris, 1760,* Deux pièces, faisant pendants, gravées par P. F. Courtois (378 et 379).

Superbes épreuves; elles sont de la plus grande fraîcheur et ont leurs marges entières non ébarbées. Très rares de cette qualité.

127 — *La Jardinière. — La Savonneuse.* Deux pièces, faisant pendants, gravées par Phelypeaux et Moret (416 et 417).

Superbes épreuves, avant toutes lettres, imprimées en couleur; marges du cuivre. Excessivement rares de cet état et de cette qualité.

SAUERWEID

128 — *Vue générale de Paris.*

Très belle épreuve, en couleur, d'une pièce très rare qui, outre son intérêt topographique, est des plus intéressantes par les détails de ses premiers plans : Diligence et coucou allant au grand trot, tonneau traîné par un chien, marchande de cerises débitant sa marchandise, cavaliers et piétons, etc. ; elle est très fraîche et a une bonne marge.

SCHRŒDER

(D'après)

129 — *Louisa, reigning Landgravine of Hesse-Darmstadt.* Charmant petit portrait ovale gravé par Th. Burke.

Superbe épreuve imprimée en couleur. Très rare.

SERGENT

(A.)

130 — *Portrait en pied du Général Marceau,* « né à Chartres, soldat à XVI ans, général à XXIII, mort à XXVII ». In-fol.

Superbe épreuve, lettres grises, imprimée en couleur ; elle est très fraîche et a une bonne marge.

Très beau cadre ancien, Louis XVI, en bois sculpté et doré, à rubans, perles, entre-lacs et oves.

131 — *Il est trop tard.*

Très belle épreuve imprimée en couleur. Remargée.

SINTZENICH

132 — *Mina Brandes.* Médaillon ovale in-4.

Très belle épreuve.

SMITH

(J. R.)

133 — *What you will.* — *Ce qui vous plaira.* 1749.

Très belle épreuve, imprimée en couleur, ayant quelques légères restaurations dans le papier. Excessivement rare.

134 — *Anne Brown,* célèbre actrice du Théâtre de Covent-Garden. Gravé à la manière noire d'après W. Peters. In-fol.

Superbe et très rare épreuve du 1er état : les inscriptions, dans la marge inférieure, tracées à la pointe. Marge

SMITH ET NORTHCOTE

(D'après)

135 — *A visit to the Grand Father.* — *A visit to the Grand Mother.* Deux grandes et belles pièces, faisant pendants, gravées à la manière noire, par E. Dayes et Smith en 1785 et en 1788.

Très belles épreuves imprimées en couleur. Sans marges.

Cadres dorés.

SPORT (Pièces sur le)

136 — *Chasses*. Suite de quatre pièces gravées par Reeve, d'après Wolstenholme.

Superbes épreuves en couleur. Rares.

SWEBACH DESFONTAINES

(D'après)

137 — *La Vieillesse d'Annette et Lubin*, par Le Cœur.

Très belle épreuve imprimée en couleur.
Cadre ancien, noir et or.

TAUNAY

(D'après)

138 — *La Rixe*, par Descourtis.

Superbe épreuve avant toutes lettres, imprimée en couleur. Très rare.

THOMPSON

(D'après R.-A.)

139 — *Love Sheltered*. — *Crossing the Brook*. Deux grandes pièces, faisant pendants,

gravées à la manière noire par W. Say.

Très belles épreuves imprimées en couleur. Rares.

Beaux cadres anciens en bois sculpté et doré, à entrelacs et olives.

TURNER

(A.)

140 — *Lavinia, Countess Spencer,* gravé à la manière noire d'après M.-A. Shee. Petit in-fol.

Très belle épreuve. Rare.

Très joli cadre ancien, Louis XIII, en bois sculpté et doré.

WARD

(W.)

141 — *The Widow's tale.* — *The Disaster.* Deux pièces, faisant pendants, gravées à la manière noire d'après Smith et Wheatley.

Superbes épreuves de deux très belles pièces, des plus intéresssantes comme costumes; elles sont très fraîches et ont de bonnes marges. Très rares de cette qualité.

Cadres dorés.

142 — *The Widow's tale,* gravé à la manière noire, d'après J.-R. Smith.

Superbe épreuve imprimée en couleur; grande marge. Excessivement rare.

143 — *The Soliloquy*, 1787.

Très belle épreuve, lettres grises, imprimée en couleur. Rare.

Cadre ancien en bois sculpté et doré.

WHEATLEY

(D'après F.)

144 — *Two bunchess a penny primroses, two bunchess a penny, — a un sou mes deux poignées de primeroses, a un sou*. Gravé par L. Schiavonetti.

Superbe épreuve en couleur, du 1er tirage : avant les numéros et avant que le fleuron qui, dans les inscriptions, sépare le texte anglais du texte français, ait été effacé et remplacé par le titre de la suite : *Cries of London*. Très rare.

145 — *Milk below maids. — Qui veut du lait il est tout chaud*. Gravé par L. Schiavonetti.

Superbe et très rare épreuve imprimée en couleur du même état que la pièce précédente.

PARIS. — TYP. PH. RENOUARD. — 41882.

22 MARS 1902

dispense de revenir sur son importance capitale pour l'étude de notre art du Moyen âge; les nombreuses et fidèles gravures dont il vient de s'augmenter et qui aident grandement à la démonstration, le rendront encore plus précieux aux travailleurs.

NÉCROLOGIE

—

Nous apprenons la mort du sculpteur **van den Sande**, qui collabora à la décoration du théâtre de l'Opéra.

—

On annonce également la mort de M. **E. Armand**, artiste décorateur.

MOUVEMENT DES ARTS

—

1902 **Collection de MM. C. J. et G. K.**

Vente d'estampes, faite à l'Hôtel Drouot, salle 6, le 22 mars, par Mᵉ P. Chevallier et M. Daslon.

Baudouin (D'après P. A.). 1. Le Carquois épuisé, par N. De Launay. Cadre ancien L. XVI, en bois sculpté et doré : 920. — 2. Le Coucher de la mariée, gravé à l'eau-forte par J.-M. Moreau et terminé au burin par J.-B Simonet, 1768 : 1.550. — 6. Le Lever, par Massard, 1771 : 1.050.

12. Beechey (D'après W.). Children at play (Oddie children) gravé à la manière noire par J. Park, 1791 : 1.880.

15. Bigg (D'après). The Truants. — The Romps. Deux pendants, gravés par W. Ward : 1.580.

22. Cosway, d'après M. Mʳˢ Cosway. Gravé par V. Green. 1787. Cadre ancien L. XVI : 1.180. — 23. Dayes, d'après Ed. The Promenade in Saint James's Park; An airing in Hyde Park. Deux pendants, gravés par F.-D. Soiron et Th. Gaugain, 1796; la 1ʳᵉ : 3.000; la 2ᵉ : 1.510. — 24. Dayes, d'après An airing in Hyde Park, par Th. Gaugain. Cadre ancien L. XVI : 1.480.

Debucourt (L.-P.). — 25. Les Deux baisers. 1786. Cadre ancien, L. XVI : 3.800. — 26. L'Oiseau ranimé, 1787 : 4.050. — Le Menuet de la mariée, 1786; la Noce au château, 1789; deux pendants. Cadres anciens L. XVI : 2.000. — 28. Promenade de la Galerie du Palais-Royal, 1787. Cadre ancien L. XVI : 2.600. — 29. La Promenade du Jardin du Palais-Royal, 1787 : 2.550. — 30. Heur et Malheur ou la Cruche cassée; l'Escalade ou les Adieux du matin. Deux pendants, 1787. Cadre style L. XVI : 1.150. — 31. Le Compliment ou la Matinée du Jour de l'An, 1787; les Bouquets ou la Fête de la Grand'Maman, 1788. Deux pendants. Cadres L. XVI : 1.680. — 32 La Main, 1788 : 1.750. — 34. La Rose mal défendue, 1791. Cadre ancien L. XVI : 600. — 35. La Promenade publique, 1792 : 1.520. — 39. Frascati, d'après un croquis pris sur le lieu, 1807. Cadre ancien L. XVI : 1.430.

De Machy (D'après P.-A.). 40. Vue du port Saint-Paul, prise au bas du parapet : 450.

Descourtis (C. M.). 41. Frédérique Sophie Wilhelmine, princesse d'Orange. Médaillon ovale, d'après Hentzi. Cadre ancien en bois sculpté et doré : 810. — 42. Frédérique-Louise Wilhelmine, princesse d'Orange. Médaillon ovale. Hentzi dir., Tozelli del : 980.

Downman (D'après). 45. Lady Duncannon. Médaillon ovale gravé par Bartolozzi, 1788. Cadre ancien en bois sculpté et doré : 780. — 46. Duchess of Richmond. Médaillon ovale. Cadre ancien en bois sculpté et doré : 970. — 47. Miss Farren, gravé, en 1788, par Collyer. Cadre ancien en bois sculpté et doré : 800.

(A suivre.)

CONCOURS ET EXPOSITIONS

—

EXPOSITIONS NOUVELLES

Paris

Exposition de tableaux de M. **F. Borchardt**, à l'Art nouveau Bing, à partir du 5 avril.

Exposition de céramiques de M. **Lachenal, 18**, rue Saint-Lazare, jusqu'au 30 avril.

Exposition des œuvres du peintre rustique **Constantin Le Roux**, au Collège d'esthétique moderne, 17, rue de La Rochefoucauld.

Province

Lille : Exposition de l'Union artistique du Nord, jusqu'au 20 mai.

EXPOSITIONS ANNONCÉES

Province

Versailles : 49ᵉ Exposition de la Société des Amis des Arts de Seine-et-Oise, du 29 juin au 14 septembre. Dépôt des ouvrages, à Paris, chez Pottier, 14, rue Gaillon, du 21 au 31 mai.

CONCOURS OUVERTS

Paris

Concours ouvert par la Société des architectes de France : une **Maison maternelle**. Demander programme au siège de la Société.

Province

Vanves : Concours pour la décoration artistique de la salle des fêtes de la mairie. Dépôt des esquisses, le 8 décembre, à l'hôtel de ville de Paris (salle Saint-Jean). Demander programme à la Préfecture de la Seine (service des Beaux-Arts).

(Pour les autres expositions et concours ouverts ou annoncés, se reporter aux précédents numéros de la Chronique.)

CONCERT DU DIMANCHE 6 AVRIL 1902

—

Vingt-troisième Concert Colonne (2 h. 1/4). — *La Damnation de Faust* (Berlioz).

L'Imprimeur-Gérant : André Marty.

Paris. — Imprimerie de la *Gazette des Beaux-Arts*, 8, rue Favart

+ *L'art décoratif en Écosse et ses traditions indigènes*, par M. Pascal Forthuny (3 grav.).

— **Revue de la bijouterie, joaillerie, orfèvrerie** (janvier). — Suite de l'article de M. J.-L. Bertrand sur *Le Bijou en 1901* (14 ill.).

— M. F. Mazerolle nous fait connaître les anciens jetons de la corporation des orfèvres, de 1698 à 1781, et en donne la reproduction.

— Intéressant article de M. F.-W. Sandberg, sur de récentes productions de l'orfèvrerie danoise, notamment de la maison Michelsen (3 reprod.).

— M. L.-U. de la Montagne décrit et reproduit la nouvelle médaille des députés, due à M. Léon Deschamps.

(Février). — *L'Exposition de Buffalo* (1er article), par Victor (3 grav.).

— Compte rendu, par M. Martial Bernard, de l'Exposition internationale artistique de Saint-Pétersbourg (18 ill.).

— Reproduction de la plaquette commémorative exécutée par M. René Rozet en commémoration du centenaire de Victor Hugo.

(Mars). — M. Gaston Migeon donne, sur les œuvres d'orfèvrerie composant le legs Adolphe de Rothschild, au musée du Louvre, une intéressante étude accompagnée de 16 belles reproductions.

— *L'Exposition de Buffalo* (suite) (10 ill.).

— *Le Bijou en 1901*, par M. J.-L. Bertrand (fin) (11 ill.).

= **Deutsche Kunst und Dekoration** (décembre 1901 et janvier 1902). — Suite des fascicules sur l'exposition de la Colonie des Artistes de Darmstadt : ceux-ci sont consacrés à l'orfèvre Rudolf Bosselt et à l'architecte-décorateur Peter Behrens et sont luxueusement ornés de quantités de reproductions, présentées de la façon la plus élégante.

= Un article sur les peintres allemands et russes à cette même exposition de Darmstadt, illustré de 15 reproductions de tableaux, — et un article sur les porcelaines de Rœrstrand et de la Manufacture royale de Copenhague (14 reprod.) complètent le premier de ces fascicules.

(Février). — Numéro consacré spécialement au peintre bâlois Sandreuter, disciple de Bœcklin, dont la *Chronique* a parlé au moment de sa mort récente (nombreuses illustrations d'après des tableaux, cartons de vitraux, décorations murales, etc. de l'artiste).

(Mars). — Étude de M. G. Fuchs sur le peintre berlinois Carl Max Rebel, auteur de portraits, figures allégoriques, paysages décoratifs, où se sent l'influence de Bœcklin, et dont 22 sont reproduites avec le portrait de l'artiste par lui-même.

= Suite de l'article de M. J. Gaulke sur l'esthétique des villes modernes ; — et articles sur les essais modernes d'ornementation architecturale, et sur un théâtre construit et décoré de façon fort originale, par M. A. Endell, à Berlin (22 vues diverses et reprod. de meubles dus au même artiste).

O **Innen-Dekoration** (novembre 1901). — *Le Mouvement moderne en Hollande*, par M. Th. Molkenboer (10 grav. de meubles et intérieurs modernes).

(Décembre). — Article de M. G. Habich sur le décorateur Bruno Pascal (12 reprod. d'intérieurs et de meubles d'après les dessins de cet artiste).

(Janvier 1902). — A partir de cette année, cette revue, réduite à un format plus commode et imprimé sur plus beau papier, s'est accompagnée d'une édition française qui en rendra la diffusion plus facile, pour le plus grand profit de ceux qui s'intéressent aux questions de l'art appliqué aux intérieurs.

Ce premier fascicule de 1902 renferme un article de M. G. Mourey sur le peintre décorateur Georges de Feure, accompagné de 25 reprod. d'œuvres de l'artiste, — et un autre de M. Jules Rais sur MM. Charles Plumet et Tony Selmersheim (7 gr.).

(Février). — Article de M. H. van de Velde sur les créations de M. Serrurier-Bovy (30 reprod. d'intérieurs et de meubles), — et notice du même sur Kate Greenaway.

(Mars). — M. E. Berlepsch-Valendas nous fait connaître un artiste autrichien, Hermann Kirchmayr, de Silz (Tyrol), auteur d'ouvrages en fer forgé ou métal découpé, de meubles, etc., d'une jolie invention décorative, dont une quarantaine sont reproduits dans cette livraison.

p **Wiener Kunststickereien** (livr. 4). — Le dernier fascicule de cet artistique recueil de broderies, dont nous avons déjà dit l'intérêt et l'esprit novateur, contient, cette fois encore, de jolis modèles empruntés, pour la plupart, au monde des fleurs et des animaux et composés avec un goût parfait. Ces dix planches sont accompagnées, comme d'habitude, de deux « patrons » supplémentaires donnant quelques-uns de ces modèles grandeur d'exécution.

X **Bow- en Sierkunst** (2e année, liv. VI). — Le dernier numéro de cette belle publication est consacré à des reproductions d'objets d'Extrême-Orient — Japon, Chine, Thibet et Perse — conservés au Musée ethnographique de Leyde. 14 planches reproduisent, en belles phototypies, des sculptures japonaises ou chinoises, en bronze ou en bois, des peintures thibétaines, des vases, objets d'orfèvrerie et armes d'origine persane, dont la description et l'historique sont données dans le texte en deux langues, hollandaise et française, qui les accompagne.

BIBLIOGRAPHIE

Nos lecteurs apprendront avec plaisir que M. Émile Male vient de publier, à la librairie Armand Colin, une nouvelle édition, revue et corrigée, augmentée d'une riche illustration (468 p. avec 127 grav., 20 fr.), de son beau livre **L'Art religieux du XIIIe siècle en France**, dont la première édition était épuisée. L'étude approfondie que notre collaborateur M. J.-J. Marquet de Vasselot a donnée ici même (1) de cet ouvrage, nous

(1) V. *Chronique des Arts* du 25 mars 1899, p. 108.

www.ingramcontent.com/pod-product-compliance
Ingram Content Group UK Ltd.
Pitfield, Milton Keynes, MK11 3LW, UK
UKHW021952260726
13994UKWH00004B/1705

9 782329 524009